Deutschkurs für Asylbewerber

Thannhauser Modell

Arbeitsheft

ohne Untertitel

Autoren

Karl Landherr
Isabell Streicher
Hans Dieter Hörtrich

Unterstützt durch
Auer

Inhaltsverzeichnis

Gedruckt auf umweltbewusst gefertigtem, chlorfrei gebleichtem und alterungsbeständigem Papier.

2. Auflage 2015
Nach den seit 2006 amtlich gültigen Regelungen der Rechtschreibung

Layout: Markus Landherr
Illustrationen: Maria Landherr
Satz: Markus Landherr
Druck und Bindung: AS-Druck GmbH, Lahr
ISBN 978-3-403-**07906**-4

www.auer-verlag.de

1 Begrüßung, Vorstellung und Familie

1.1 Willkommen

1.2 Wie geht es dir?

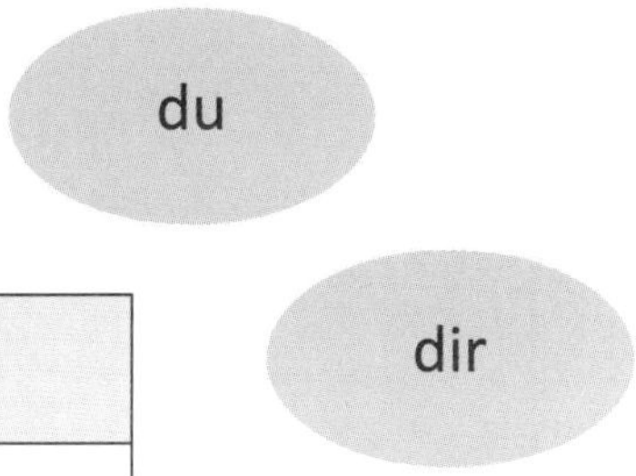

Frage	Antwort
Wie geht es dir?	Mir geht es (nicht) gut.
Wie heißt du? *(hei**ß**t, ß=ss)*	Ich heiße Simon.
Woher kommst du, Simon?	Ich komme aus Syrien.
Wo wohnst du?	Ich wohne in ____________________
Sprichst du Englisch?	Ja, ich spreche Englisch. Ich spreche ein wenig Deutsch.

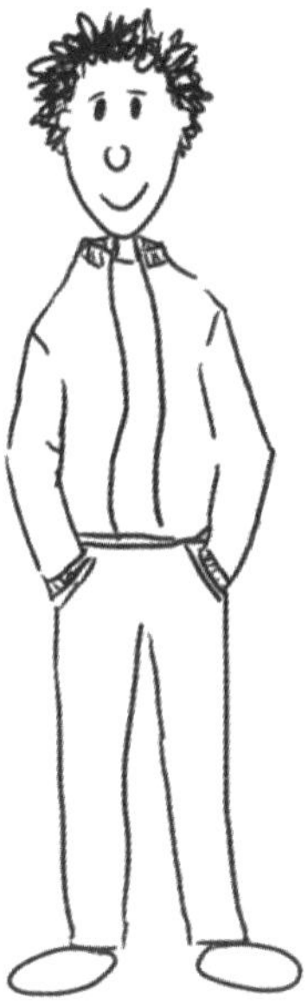

1.3 Wie geht es Ihnen?

Frage	Antwort
Wie geht es Ihnen?	Mir geht es (nicht) gut.
Wie heißen Sie?	Ich heiße Anton Maier.
Woher kommen Sie, Herr Maier?	Ich komme aus Deutschland.
Wo wohnen Sie?	Ich wohne in ...
Sprechen Sie Englisch?	Ich spreche ein wenig Englisch. Ich spreche kein Arabisch.

1.4 Meine Familie

Das ist meine Familie.

Wir wohnen in ______________________. Wir kommen aus ______________________.

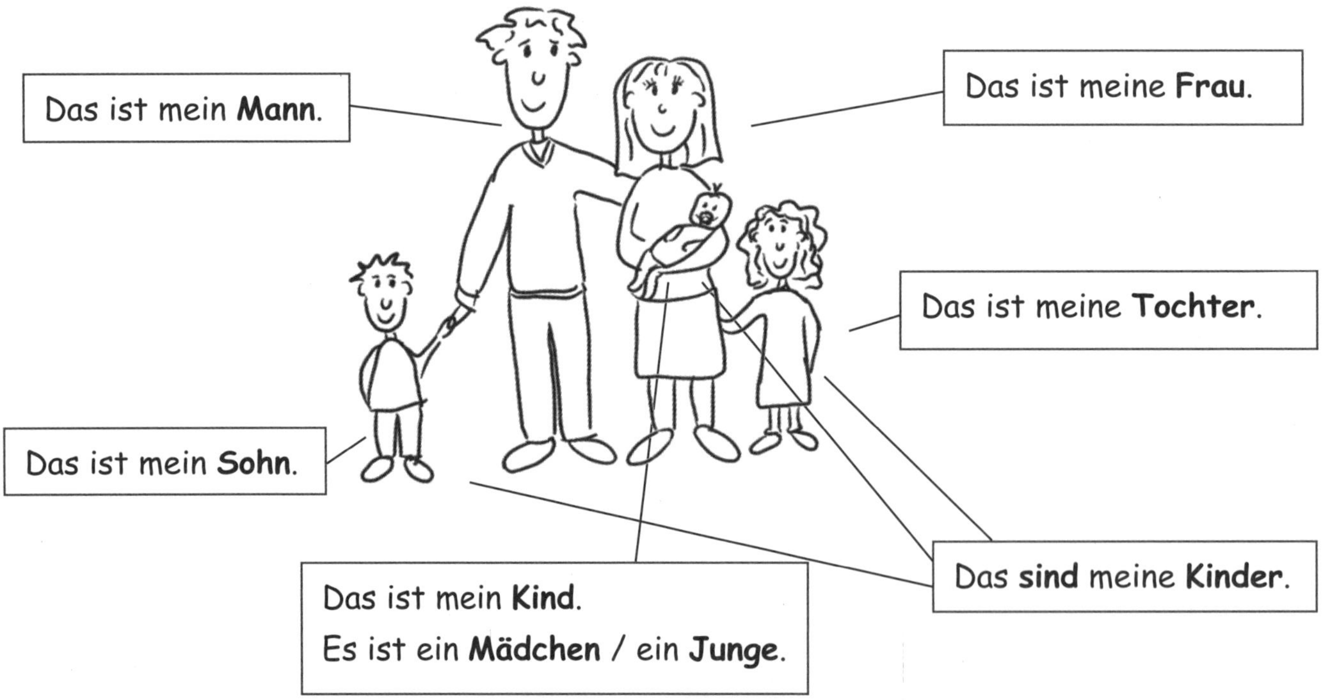

Vater Mutter Bruder Schwester

1.5 Ich mache etwas   Wir machen etwas

sprechen

schreiben

fragen

lesen

hören

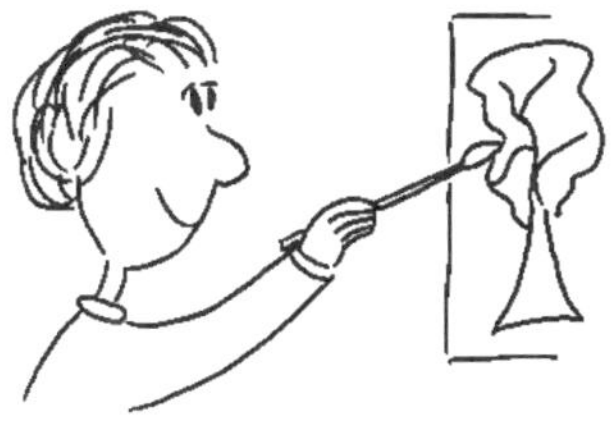

malen

Ich schreibe	Wir schreibe**n**	Ich ______________	Wir ______________
Ich spreche	Wir spreche**n**	______________	______________
Ich frage	Wir frage**n**	______________	______________
Ich lese	Wir lese**n**	______________	______________
Ich höre	Wir höre**n**	______________	______________
Ich male	Wir male**n**	______________	______________

1.6 Antworte und schreibe

Wie geht es dir?	Es ______________________________
Wie heißt du?	Mein ______________________________
Woher kommst du?	Ich ______________________________
Wo wohnst du?	Ich ______________________________
Sprichst du Englisch?	______________________________

2 Tagesablauf und Tageszeiten

2.1 Der Tag

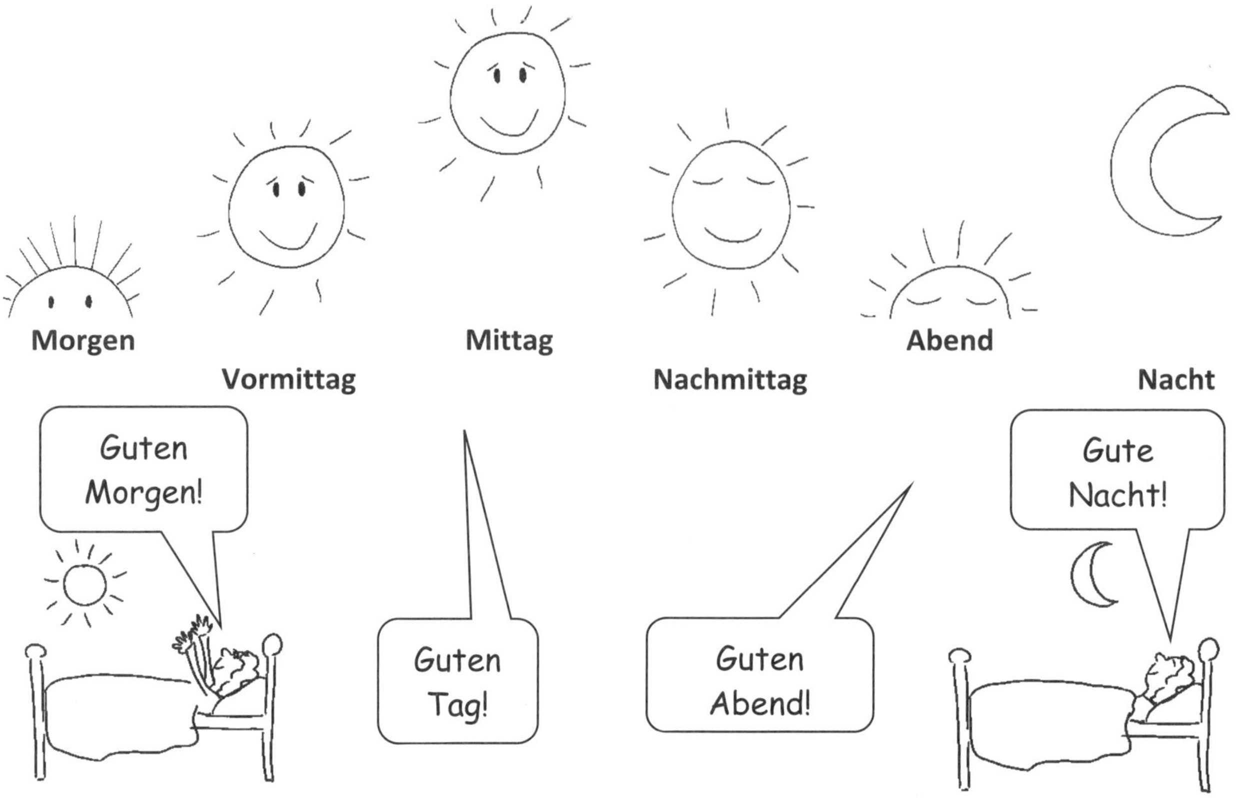

2.2 Was machst du heute?

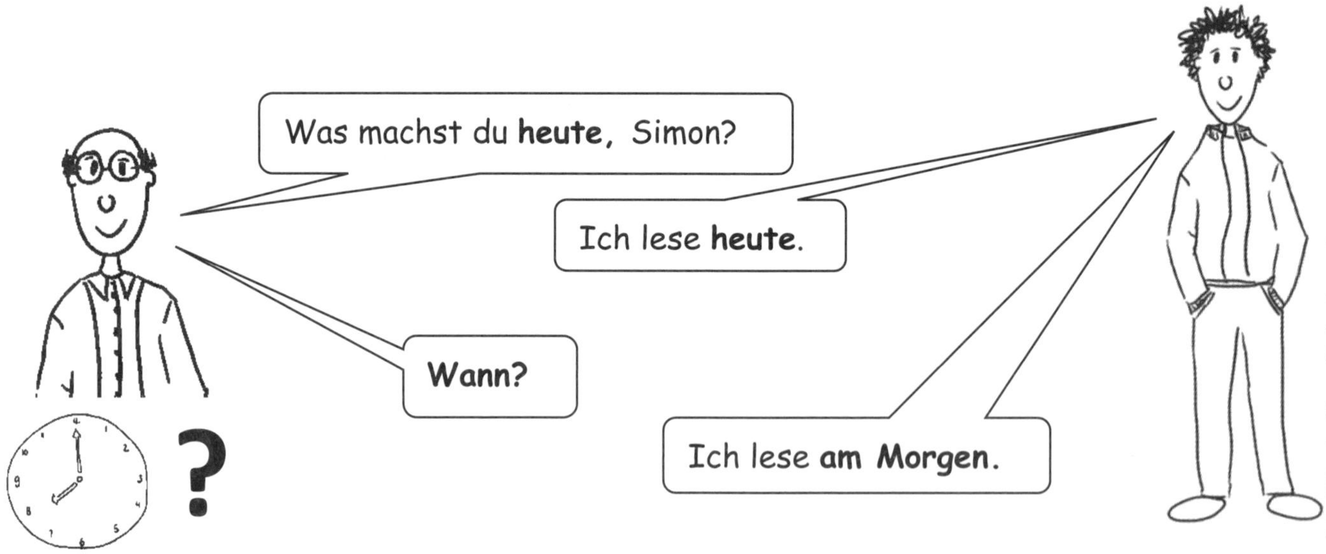

Ich lese **am** Morgen.	Ich lese **am** Nachmittag.	Ich male ________________
Ich lese **am** Vormittag.	Ich lese **am** Abend.	Ich ____________________
Ich lese **am** Mittag	Ich lese **in der** Nacht.	Ich ____________________

2.3 Was machen Sie heute?

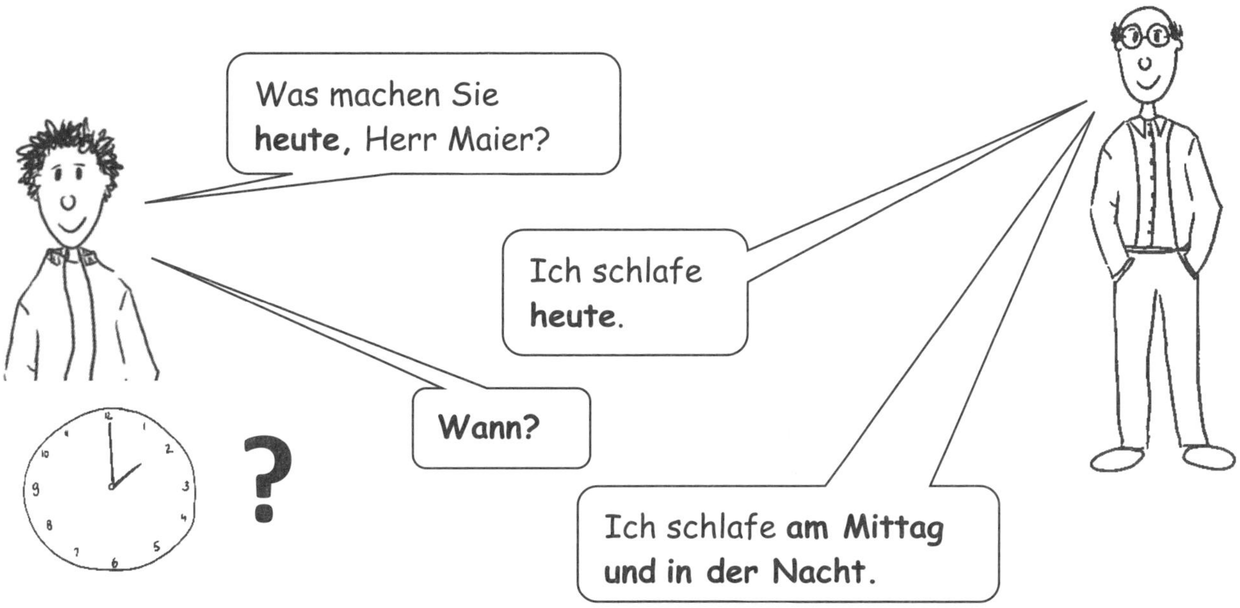

Ich lese am Morgen **und** am Abend**.**

Ich lese am Vormittag, am Mittag **und** in der Nacht.

2.4 Was machst du? Was macht ihr?

lernen

essen

waschen

kochen

arbeiten

putzen

schlafen

spielen

Was **machst du**? **Ich** lerne Deutsch. **Ich** esse. **Ich** w ______________________

____

Was **macht ihr**? **Wir** lernen Deutsch. **Wir** essen. **Wir** w ______________________

____

2.5 Was machst du heute?

Ich koche am ______________________________

Ich esse am ______________________________

Ich lerne Deutsch ______________________________

Ich ______________________________

____

spazieren gehen

Fußball spielen

einkaufen gehen

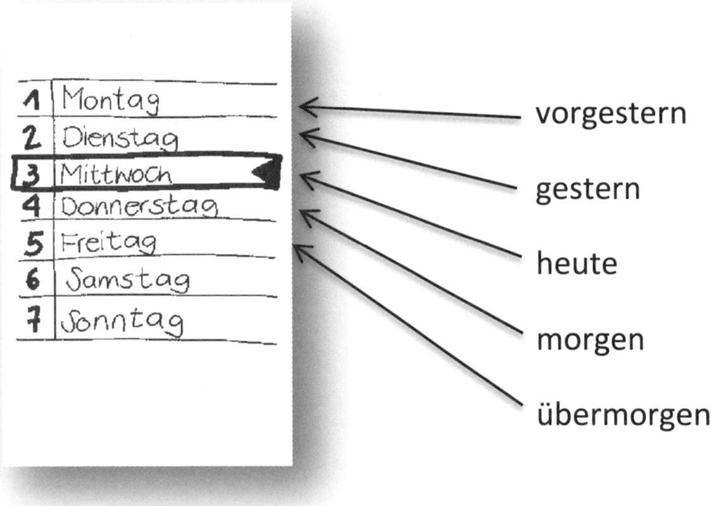

2.6 Was machst du morgen?

Ich spiele Fußball am Vormittag. Ich ______________________________

____

____

3 Wochentage, Zahlen, Farben und Uhrzeit

3.1 Wochentage

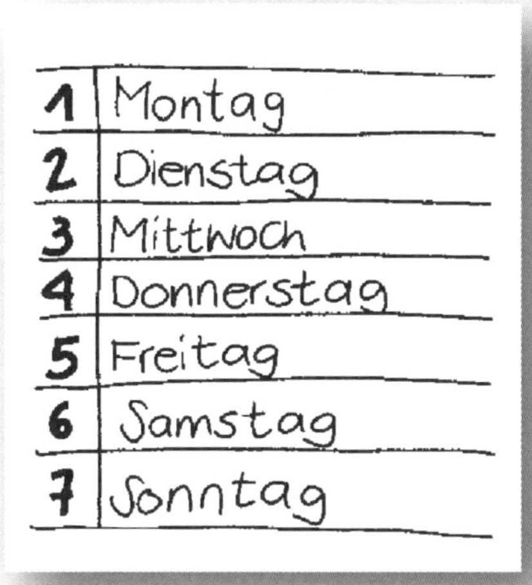

Heute ist ...	Morgen ist ...	Übermorgen ist ...
Mittwoch	Donnerstag	Freitag
Montag		
Freitag		
		Montag

3.2 Farben

◯ rot	◯ orange	◯ gelb	◯ grün
◯ blau	◯ lila	◯ braun	◯ grau
◯ weiß	◯ schwarz	◯ ________	◯ ________

Male die Wochentage aus.

Montag: blau	Dienstag: lila	Mittwoch: rot	Donnerstag: grün
Freitag: braun	Samstag: orange	Sonntag: gelb	

Welche Farbe hat ...?

Welche Farbe hat der Montag? Der Montag hat die Farbe blau. Der Montag ist blau.

Welche Farbe hat der ______________?

Der ______________ hat die Farbe____________. Der ______________ ist ____________

3.3 Zahlen

1	eins	11	elf		
2	zwei	12	zwölf		
3	drei	13	drei**zehn**	30	drei**ßig**
4	vier	14	vier**zehn**	40	vier**zig**
5	fünf	15	fünf**zehn**	50	fünf**zig**
6	sechs	16	sech**zehn**	60	sech**zig**
7	sieben	17	sieb**zehn**	70	sieb**zig**
8	acht	18	acht**zehn**	80	acht**zig**
9	neun	19	neun**zehn**	90	neun**zig**
10	zehn	20	zwan**zig**	100	(ein)hundert

21	ein**und**zwanzig	41	ein**und**vierzig
22	zwei**und**zwanzig	26	sechs**und**zwanzig
101	ein**hunder**teins	240	zwei**hundert**vierzig
1990	neunzehn**hundert**neunzig	2015	zwei**tausend**fünfzehn

3.4 Wie alt bist du? Wie alt sind Sie?

Ich bin ________ Jahre alt. Ich bin im Jahr ________ geboren.

Meine Frau ist ________ Jahre alt. **Sie** ist ______________ geboren.

Mein Mann ist ________ Jahre alt. **Er** ist ____________________

Mein Kind ist ________ Jahre alt. **Es** ist ____________________

____

3.5 Wie spät ist es?

Es ist…

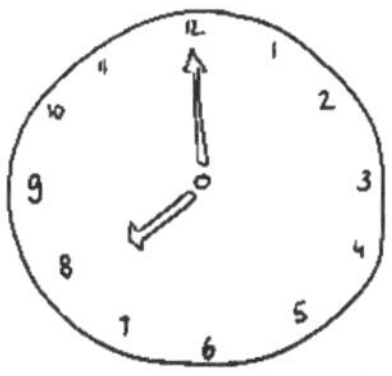

8 Uhr

viertel nach 10

viertel vor 8

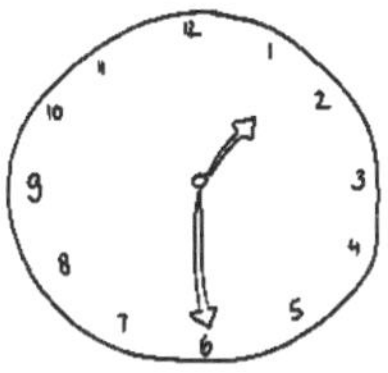

halb 2

5 nach 11

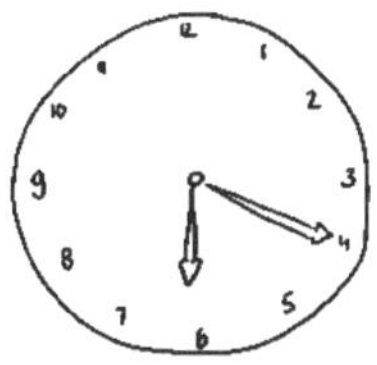

20 nach 6

5 vor halb 8

5 nach halb 1

5 vor 12

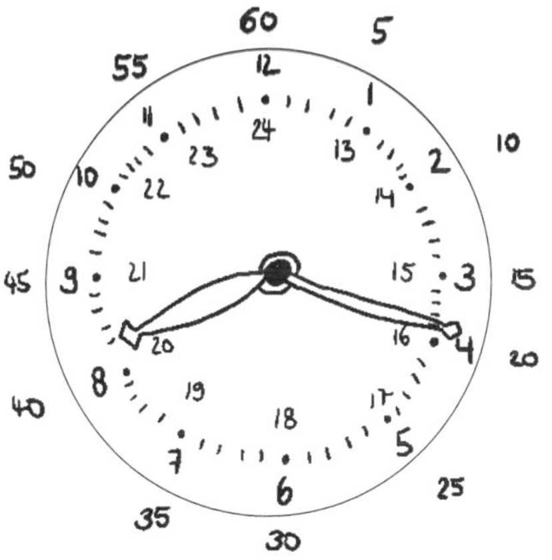

Wie viel Uhr ist es?

Es ist…

08:00	*acht Uhr*	**22:15**	____________________
10:15	*zehn Uhr fünfzehn*	**07:45**	____________________
13:30	*dreizehn Uhr dreißig*	**18:09**	____________________
11:05	*elf Uhr fünf*	**19:25**	____________________

pünktlich 

zu spät 

4 Haushalt und Wohnen

4.1 Was ist das?

der Schrank

das Regal

der Herd

die Treppe

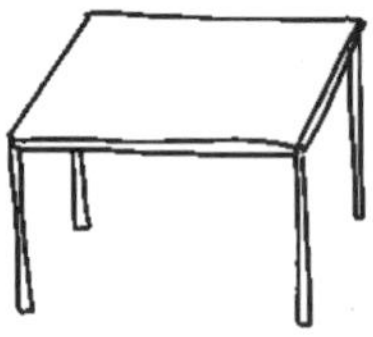
der Tisch

das Waschbecken

die Dusche

die Toilette

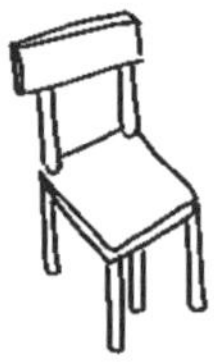
Das ist **ein** Stuhl.

Der Stuhl ist braun.

Das ist **ein** Bett.

Das Bett ist schwarz.

Das ist **eine** Tasse.

Die Tasse ist weiß.

4.2 Das Haus

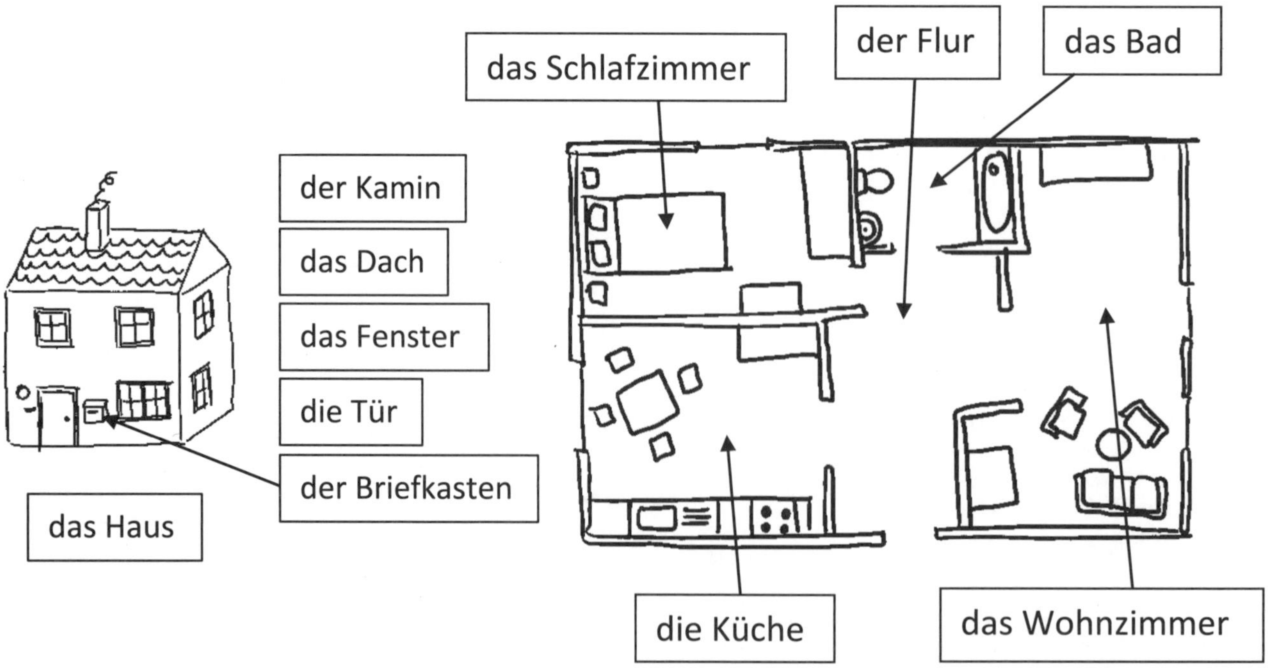

4.3 Wo ist ....?

Wo ist der Stuhl?	Der Stuhl	ist	**im** Wohnzimmer**.**
Wo ist die Dusche?	Die Dusche	ist	**im** Bad**.**
Wo ist das Bett?	Das Bett	ist	**im** Schlafzimmer**.**
Wo ist die Tasse?	Die Tasse	ist	**in der Küche.**

duschen

spülen

telefonieren

Ich dusche im ______________________. Ich spüle __________________________.

Ich telefoniere ______________________. __________________________________.

4.4 Kann ich bitte ... haben?

Kann ich bitte	einen / den	Stuhl	haben?
Kann ich bitte	eine / die	Tasse	haben?
Kann ich bitte	ein / das	Bett	haben?

Danke!

Bitte!

das Glas

das Messer

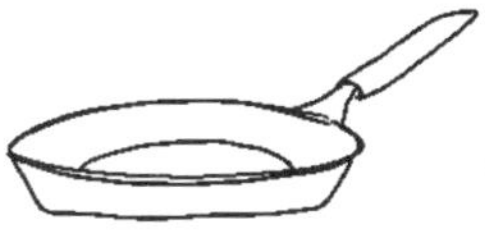

die Pfanne

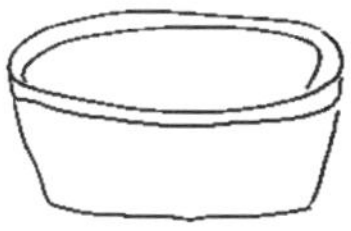

die Schüssel

die Gabel

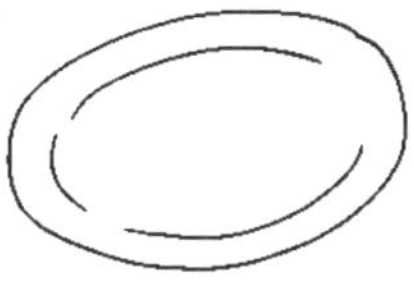

der Teller

der Löffel

der Sessel

4.5 Wie ist es?

Das Handy ist **alt**.

Das Handy ist **neu**.

Der Tisch ist **klein**.

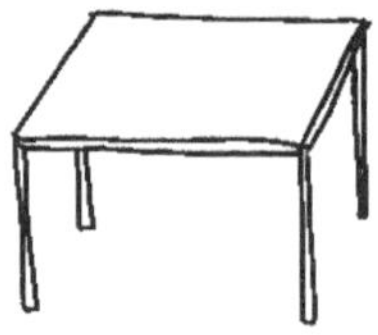

Der Tisch ist **groß**.

Der Teller ist **kaputt**.

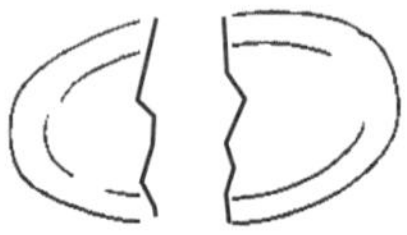

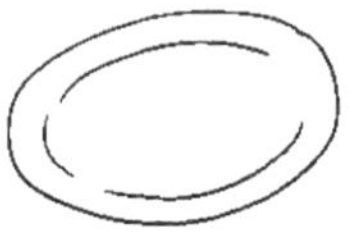

Der Teller ist nicht **kaputt**.

Das ist **mein** Löffel. *(This is my spoon.)*	**Der** Löffel ist ____________________
Das ist **meine** Tasse. *(This is my cup.)*	**Die** Tasse ist ____________________
Das ist **mein** Handy. *(This is my mobile.)*	**Das** Handy ist ____________________

4.6 Wo ist die Tasse?

Die Tasse ist **auf** dem Tisch.

Die Tasse ist **neben** dem Tisch.

Die Tasse ist **unter** dem Tisch.

der Stuhl:	Die Tasse ist	auf / unter / neben	**dem** Stuhl.
die Treppe:	Die Tasse ist	auf / unter / neben	**der** Treppe.
das Bett:	Die Tasse ist	auf / unter / neben	**dem** Bett.

5 Einkaufen

5.1 Ich gehe einkaufen

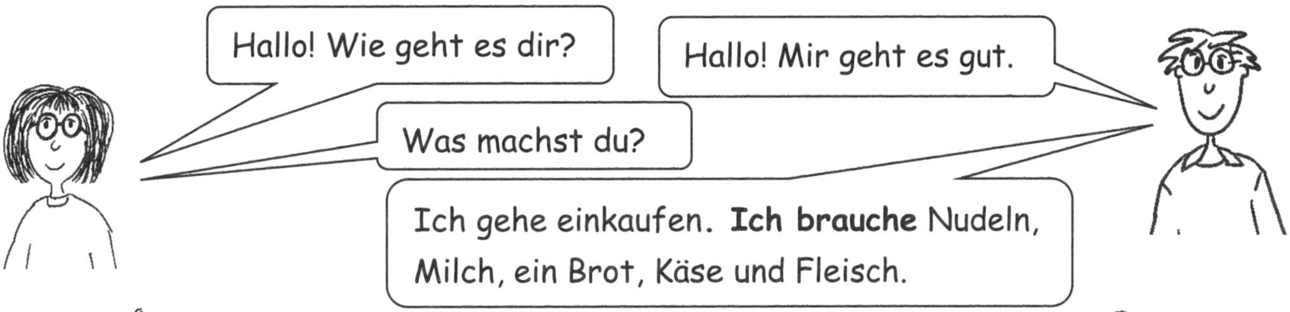

___ Nudeln

___ Reis

___ Milch

___ Eier

___ Wurst

___ Fisch

___ Käse

___ Brot

___ **Schweine**fleisch

___ **Rind**fleisch

___ **Hähnchen**fleisch

___ **Puten**fleisch

___ Tomate

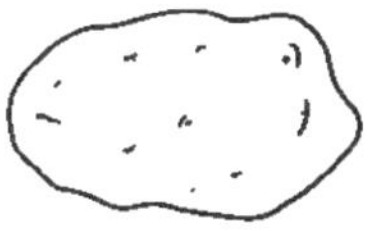
___ Kartoffel

___ Karotte

___ Paprika

___ Zwiebel

___ Banane

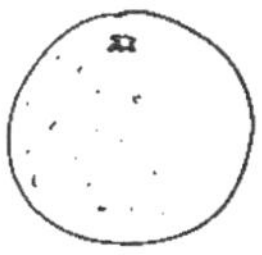
___ Orange

___ Apfel

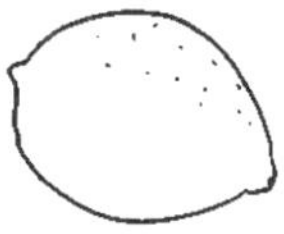
___ Zitrone

___ Ananas

Fleisch: ______________________________

Gemüse: ______________________________

Obst: ______________________________

5.2 Einkaufszettel Ich brauche...

Einkaufen

3 Äpfel
4 Bananen
10 Eier
5 Orangen
2 Brote

Einkaufen

500g Putenfleisch
5 kg Kartoffeln
1 l Milch
2 Tüten Chips
1 Tafel Schokolade

1000 g (Gramm) = 1 kg (Kilo)

1000 ml (Milliliter) = 1 l (Liter)

5.3 Im Supermarkt

5.4 Einkaufsprospekt

#54124363/© stockphoto-graf – Fotolia.com

#79305546/© Xavier – Fotolia.com

Wie viel kosten die Orangen?
Die Orangen kosten 1,79 €.
(„ein Euro neun-und-siebzig").

Das ist **billig.**
Das ist **teuer**.

Wie viele sind es?
Es sind 3 kg.

Woher kommen die Orangen?
Sie kommen aus Spanien.

Welche Farbe haben die Orangen?
Sie sind orange.

Wie viel kostet …?

5.5 Mein Einkaufszettel

Nutze die Sonderangebote!

6 Körper und Gesundheit

6.1 Mein Körper

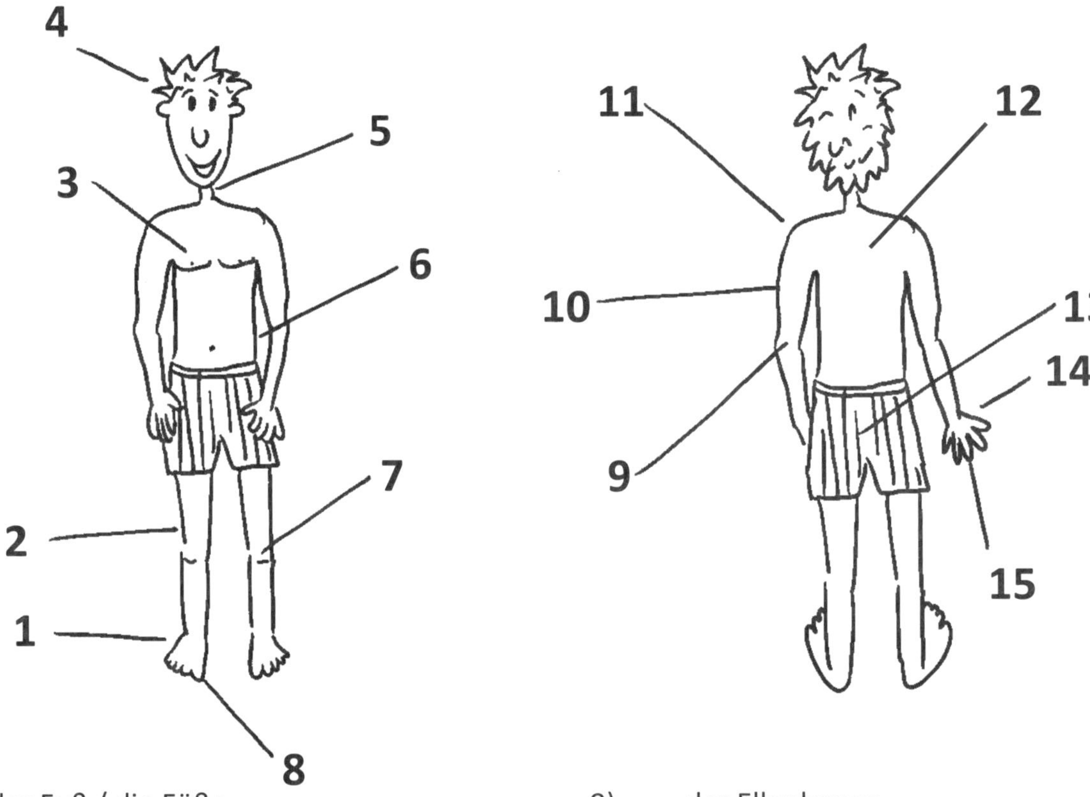

1) der Fuß / die Füße
2) das Bein / die Beine
3) die Brust
4) der Kopf
5) der Hals
6) der Bauch
7) das Knie / die Knie
8) der Zeh / die Zehen
9) der Ellenbogen
10) der Arm / die Arme
11) die Schulter / die Schultern
12) der Rücken
13) der Po
14) die Hand / die Hände
15) der Finger / die Finger
16) ____________________

6.2 Mein Gesicht

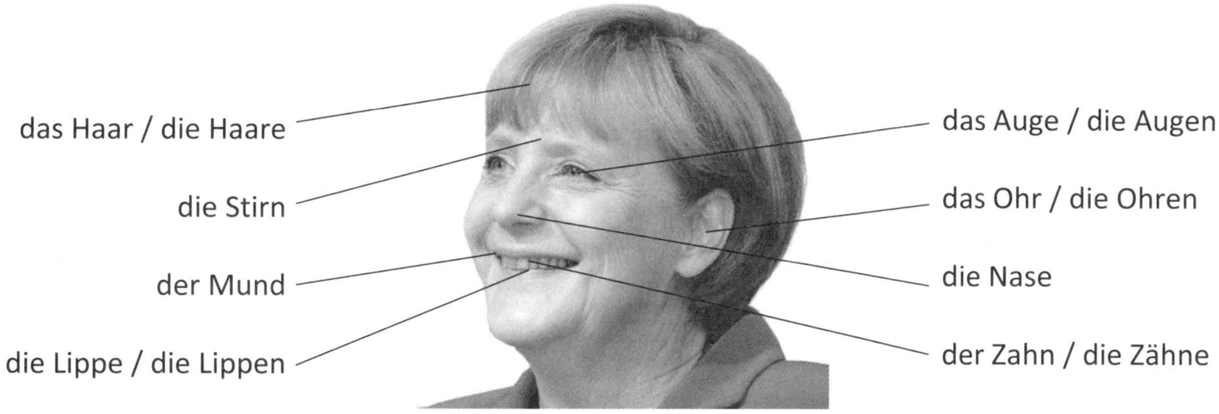

Ralf Roletschek/fahrradmonteur.de
(CC BY-SA 3.0)

Ich habe	braune Augen.	**Meine** Augen sind braun.
Ich habe	schwarze Haare.	**Meine** Haare sind schwarz.
Du hast	schöne Augen.	**Deine** Augen sind schön.
Er hat	kurze Haare.	**Seine** Haare sind kurz.
Sie hat	lange Haare.	**Ihre** Haare sind lang.

Ralf Roletschek/fahrradmonteur.de
(CC BY-SA 3.0)

Das ist **unsere** Bundeskanzlerin.

Sie heißt Angela Merkel.

Sie hat ______________ Augen. Ihre Haare sind ____________

Das ist unser/e Bürgermeister/in.

Er/Sie heißt ____

Die Augen sind ______________________________________

Die Haare sind ______________________________________

6.3 Ich bin krank

Ich habe Schmerzen im Kopf / Rücken / Bauch / Zahn.

Ich habe eine Erkältung. Ich habe Husten, Schnupfen und Fieber.

Husten

Schnupfen

Fieber

6.4 In der Apotheke

Haben Sie	etwas	gegen Husten und Fieber?
Haben Sie	einen Tee	gegen Halsschmerzen?
Haben Sie	ein Medikament	gegen Erkältung?
Haben Sie	Tabletten	gegen Kopfschmerzen?

6.5 Ich bin <u>sehr</u> krank

Ich habe **große** Schmerzen im Bauch / Kopf / Arm / Hals.

Ich brauche einen Termin beim Arzt.

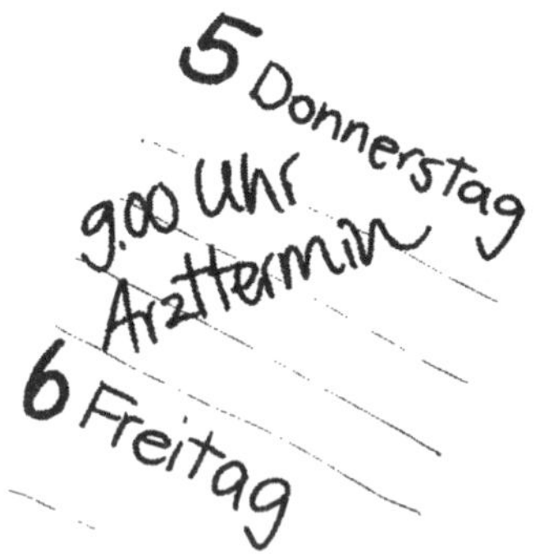

Ich rufe bei Dr. ___________ an.

Ich schreibe den Termin auf.

Ich brauche einen Krankenschein.

⚠ Ich muss **pünktlich** sein. ⚠

6.6 Beim Arzt

Sie müssen...

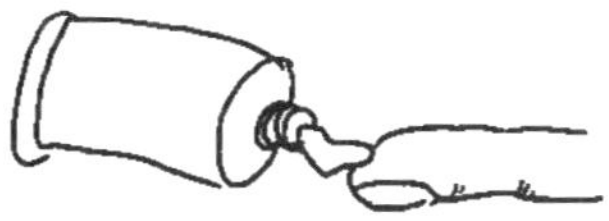

...eine Salbe auftragen

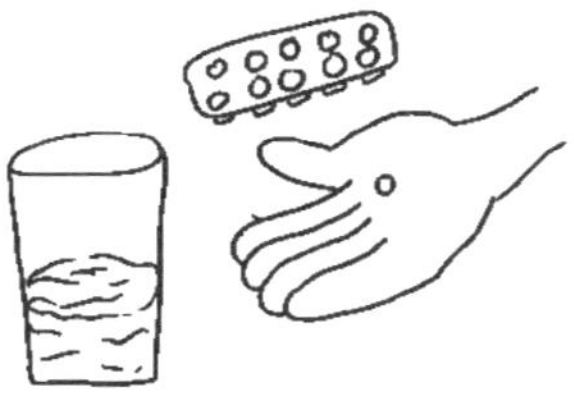

...Medikamente einnehmen

...Bettruhe halten

...ins Krankenhaus

Ich gebe Ihnen eine Spritze.

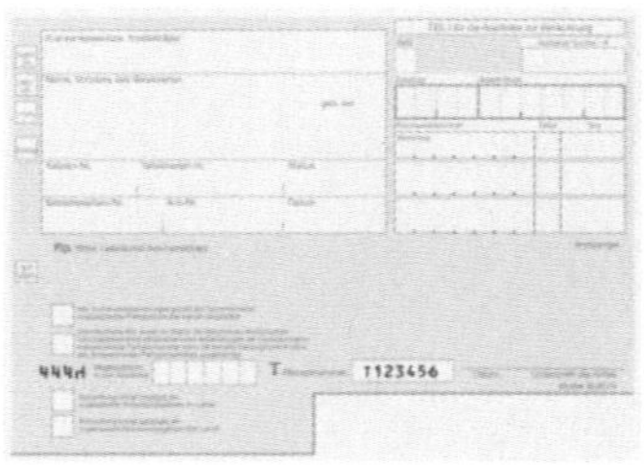

Ich gebe Ihnen ein Rezept.

6.7 Ärzte

	Mein Arzt:
Hausarzt:	______________________
Kinderarzt	______________________
Frauenarzt	______________________
Augenarzt	______________________
Zahnarzt	______________________
HNO-Arzt (Hals-Nasen-Ohren)	______________________

Notarzt

112

6.8 Meine Familie ist krank

Mein Mann	ist krank.	Er hat	Husten und Halsschmerzen.
Meine Frau	ist krank.	Sie hat	große Schmerzen.
Mein Sohn	ist krank.	Er hat	Schmerzen im Bauch.
Meine Tochter	ist krank.	Sie hat	Fieber.
Mein Kind	ist krank.	Es hat	eine Wunde am Knie.

7 Kleidung, Jahreszeiten und Wetter

7.1 Kleidung

der Rock

der Pullover

das Hemd

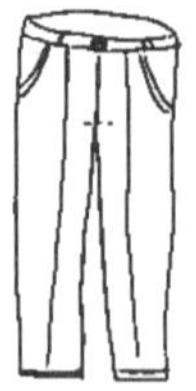
die Hose

der Mantel

die Jacke

die Mütze

das Kopftuch

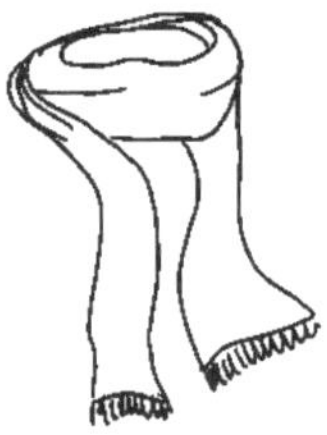
der Schal

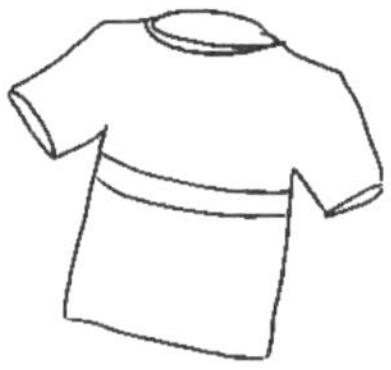
das T-Shirt

der Badeanzug

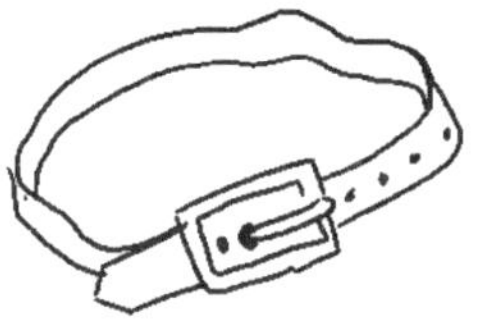
der Gürtel

der BH

die Unterhose

das Unterhemd

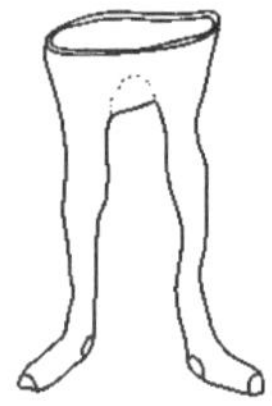
die Strumpfhose

Der Rock	ist	blau / groß / schön ...
Die Hose	ist	lang / kurz / kaputt ...
Das Hemd	ist	neu / alt / billig ...

Einzahl / Singular

die Schuhe

die Stiefel

die Socken

die Handschuhe

Die Schuhe	sind	schwarz / groß / teuer ...
Die Stiefel	sind	klein / eng / kaputt ...

Mehrzahl / Plural

7.2 Im Bekleidungsgeschäft

Wo finde ich ...?

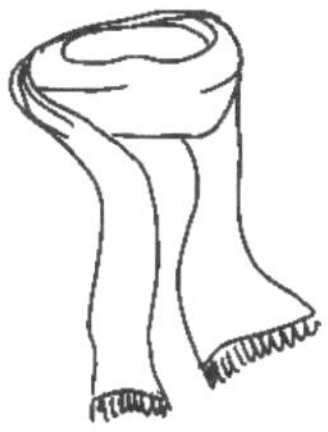

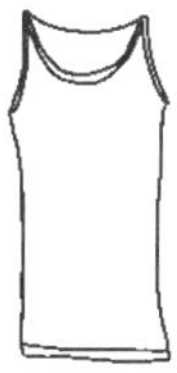

einen Schal eine ____________ ein ______________ _________________

Was kostet ...?

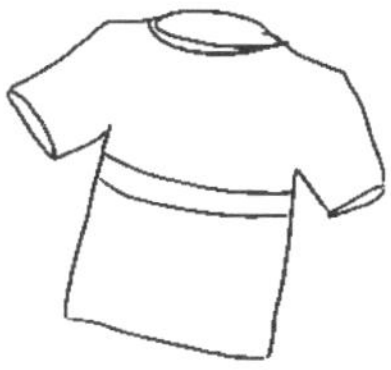

der Pullover die ______________ das ______________ _________________

Was kosten ...?

... die Socken die ______________ die ______________ ________________

... passt / passt nicht.

der Mantel die ______________ das ______________ ________________

... passen / passen nicht.

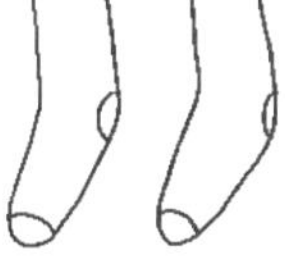

Die Socken Die ______________ Die ______________ Die ______________

7.3 Fadouma kauft Kleidung

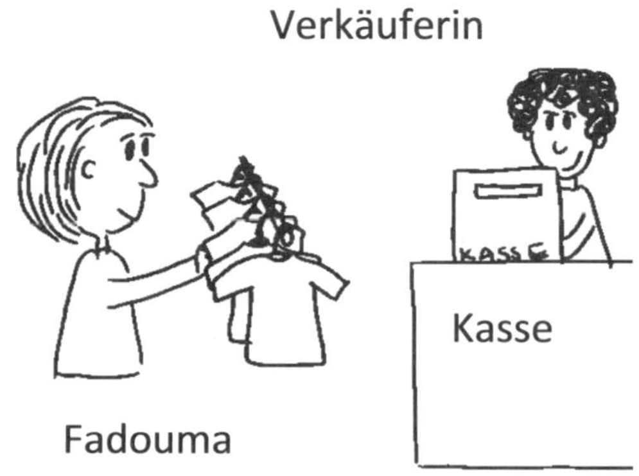

Verkäuferin: Guten Morgen!

Fadouma: Guten Morgen!

Verkäuferin: Kann ich Ihnen helfen?

Fadouma: Wo finde ich ...?

Verkäuferin: Dort hinten finden Sie ...

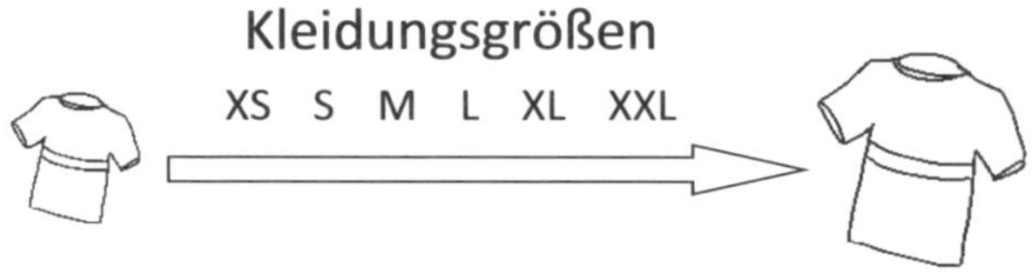

Fadouma: Haben Sie die Kleidungsgröße ...?

Verkäuferin: Hier, bitte.

Fadouma: Wo finde ich die Umkleide?

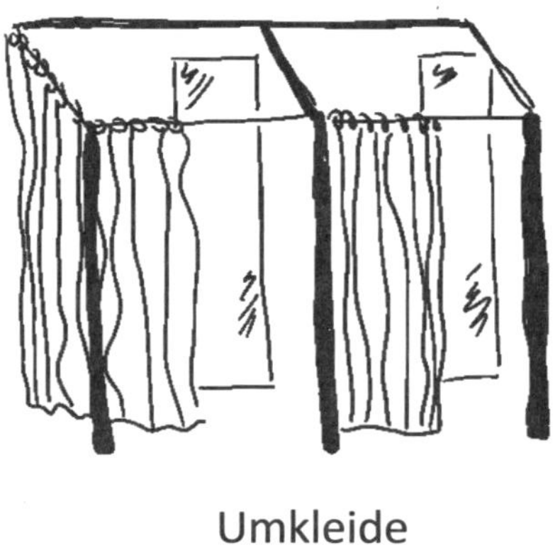

Verkäuferin: Dort hinten.

Fadouma: Es passt (nicht) gut. Was kostet ...?

Verkäuferin: 39 Euro

Fadouma: Das ist mir zu teuer. Haben Sie ein Sonderangebot?

Verkäuferin: Ja, hier.

Fadouma: Danke, ich kaufe es. Wo ist die Kasse?

⚠ Kassenzettel wegen Umtausch gut aufbewahren. ⚠

7.4 Die Jahreszeiten

Winter		Frühling			Sommer			Herbst			Winter
Januar	Februar	März	April	Mai	Juni	Juli	August	September	Oktober	November	Dezember

Die Monate im **Frühling** heißen

____

Die Monate im **Sommer** heißen

____

Die Monate im **Herbst** heißen

____

Die Monate im **Winter** heißen

____

Jetzt ist ________________________

Bald ist ________________________

Der 1. (erste) Monat im Jahr heißt ____________________

Der 2. (zweite) Monat ______________________________

Der 3. (dritte) ______________________________

Der 4. (vierte) ______________________________

5 ______________________________

6 ______________________________

7 ______________________________

8 ______________________________

1. = erste
2. = zweite
3. = dritte
4. = vierte
5. = fünfte
6. = sechste
7. = siebte
8. = achte
9. = neunte
10. = zehnte
11. = elfte
12. = zwölfte

Ich habe im Monat ______________ Geburtstag. Ich bin im ______________ geboren.

7.5 Das Wetter in Deutschland

Es ist kalt.

Es schneit.

Es regnet.

Es ist sonnig.

Es ist warm.

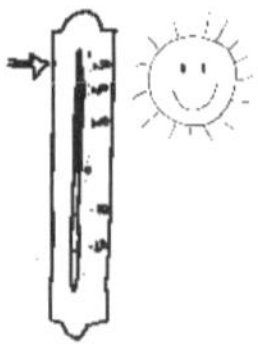
Es ist heiß.

Es ist windig.

Es ist gewittrig.

Blitz
Donner

Was machst du im Winter?

der Schneemann

der Schlitten

die Schneeschaufel

Ich baue einen Schneemann. Wir bauen ______________________

Ich fahre Schlitten. Wir ______________________

Ich räume Schnee mit der Schneeschaufel. Wir ______________________

Was machst du im Sommer?

das Schwimmbad

das Eis

die Sonne

Ich gehe in das Schwimmbad. Wir gehen ______________________

Ich esse ein Eis. Wir ______________________

Ich genieße die Sonne. Wir ______________________

Kleidung

Im **Sommer**	·	·	·	·
Im **Winter**	·	·	·	·

8 Arbeiten und Lernen

8.1 Berufe

Was arbeitest du? / Was arbeiten Sie?

Ich arbeite als Maler/Ich arbeite als Maler**in.**
Ich bin ein Maler/Ich bin eine Maler**in.**
Ich möchte gerne als Maler/Maler**in** arbeiten.

Maler

Maler**in**

Maler

Maurer

Elektriker

Automechaniker

Gärtner

Hausmeister

Friseurin

Lehrer

Koch
Köchin

Putzfrau
Putzmann

Sekretärin

Verkäuferin

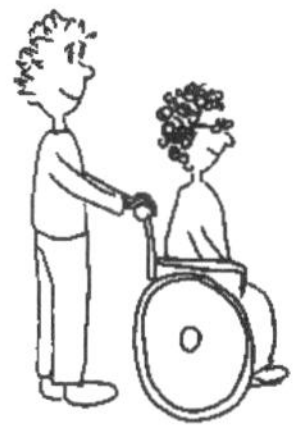
Altenpfleger

Kellner

Erzieher

Krankenpfleger
Krankenschwester

Pfarrer
Priester

____

8.2 Arbeitsstellen

die Schule

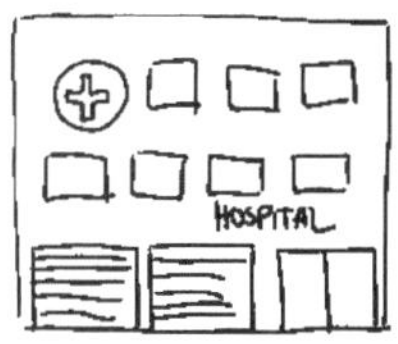

das Krankenhaus

das Restaurant

Keller, Koch
____

Wer arbeitet **in der Schule**? Lehrer, Lehrerin ____________ arbeitet in der Schule.

Wer arbeitet **im Restaurant**? Keller, Koch ____________ arbeitet im Restaurant.

Wer arbeitet **im Krankenhaus**? ____________

8.3 Wer arbeitet wo?

Der Automechaniker arbeitet	in der Schule.
Die Verkäuferin arbeitet	im Altenheim.
Die Sekretärin arbeitet	im Kindergarten.
Die Erzieherin arbeitet	in der Autowerkstatt.
Der Altenpfleger arbeitet	im Büro.
Die Lehrerinnen arbeiten	im Supermarkt.

8.4 Geräte und Kleidung

Zum Arbeiten brauche ich...

eine Arbeitshose

Arbeitshandschuhe

Arbeitsschuhe

einen Schraubenzieher

Werkzeug

einen Besen

Putzmittel

eine Schere

einen Computer

Stifte

einen Pinsel

____

8.5 Ich suche Arbeit

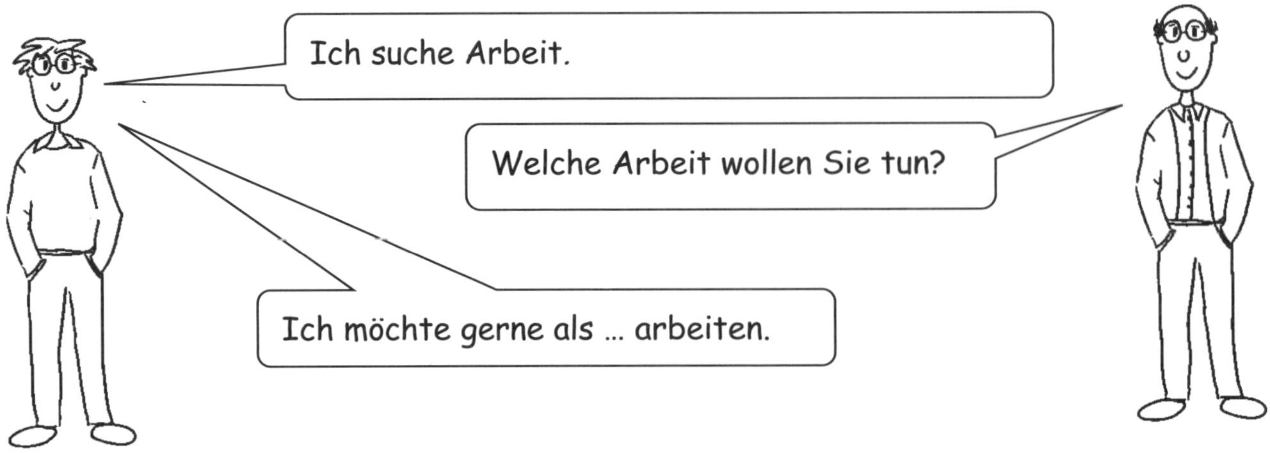

8.6 Mein Kind geht ...

in die
Kinderkrippe
(0-3 Jahre)

in den
Kindergarten
(3-6 Jahre)

in die
Schule
(6-18 Jahre)

8.7 Stundenplan in der Schule

Stundenplan

	Zeit	Montag	Dienstag	Mittwoch	Donnerstag	Freitag
1. Stunde	8.00 - 8.45	Deutsch	Englisch	Sport	Physik	Biologie
2. Stunde	8.45 - 9.30	Mathematik	Religion	Sport	Chemie	Geographie
.	9.30 - 9.45	PAUSE	PAUSE	PAUSE	PAUSE	PAUSE
3. Stunde	9.45 - 10.30	Musik	Kunst	Geschichte		
.						

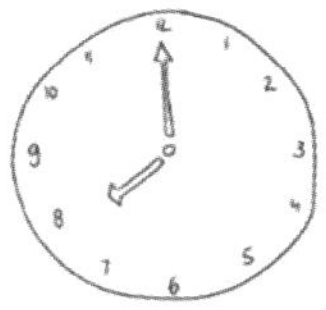

8.8 Was machst du heute? Was hast du gestern gemacht?

Gegenwart	Vergangenheit
ich lerne	ich **habe** **ge**lernt
ich male	ich **habe** **ge**malt
ich mache Sport	ich **habe** Sport **ge**macht
ich lese	ich **habe** **ge**lesen (!)
ich schreibe	ich **habe** **ge**schrieben (!)
ich singe	ich **habe** **ge**sungen (!)

8.9 Entschuldigung!

Mein Kind ist heute krank und kann nicht in die Schule kommen.

> ⚠ Bitte immer vor Beginn des Unterrichts die Schule anrufen! ⚠

8.10 Was hast du gemacht?

	Montag	Dienstag	Mittwoch	Donnerstag
am Morgen	 das Haus **putzen**	 Kleidung **waschen**	 ein Buch **lesen**	____________
am Vormittag	 **kochen**	 Einkaufen **gehen**	 Fußball **spielen**	____________
am Mittag	 **essen**	 spazieren **gehen**	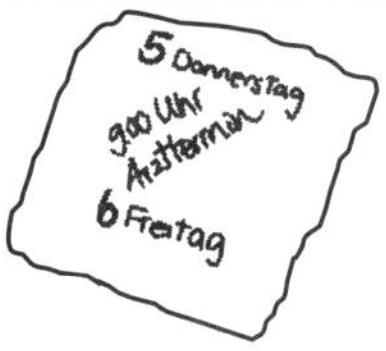 Arzttermin **haben**	____________
am Nachmittag	 **arbeiten**	 **schlafen**	 **telefonieren**	____________
am Abend	 **duschen**	 Deutsch **lernen**	 **fernsehen**	____________

putzen	ich habe **geputzt**	schlafen	ich habe **geschlafen**
kochen	ich habe **gekocht**	essen	ich habe **gegessen**
telefonieren	ich habe **telefoniert**	duschen	ich habe **geduscht**
lesen	ich habe **gelesen**	waschen	ich habe **gewaschen**
spielen	ich habe **gespielt**	arbeiten	ich habe **gearbeitet**
gehen	Ich bin **gegangen**	haben	Ich habe ... **gehabt**

Was hast du am Donnerstag gemacht? Ich habe ______________________________

9 Kommunikation, Medien und Freizeit

9.1 Was gibt es Neues? Was ist passiert?

Ich schreibe … Ich sende … Ich lese … Ich höre … Ich benutze …

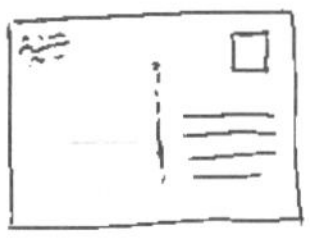
eine Karte

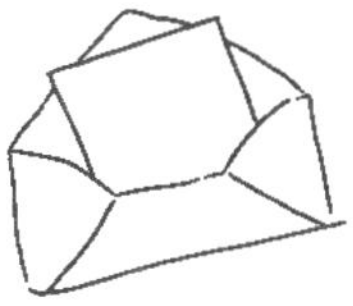
einen Brief

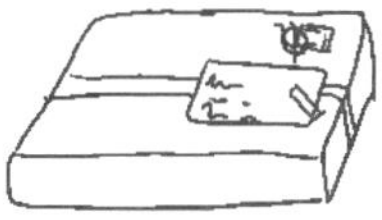
ein Paket

ein Radio

eine Zeitschrift

eine SMS

eine Zeitung

ein Handy

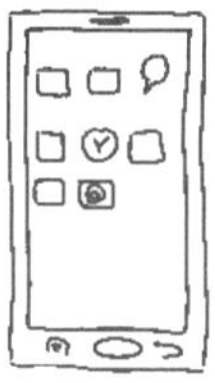
ein Smartphone

ein Buch / Bücher

einen PC

das Internet

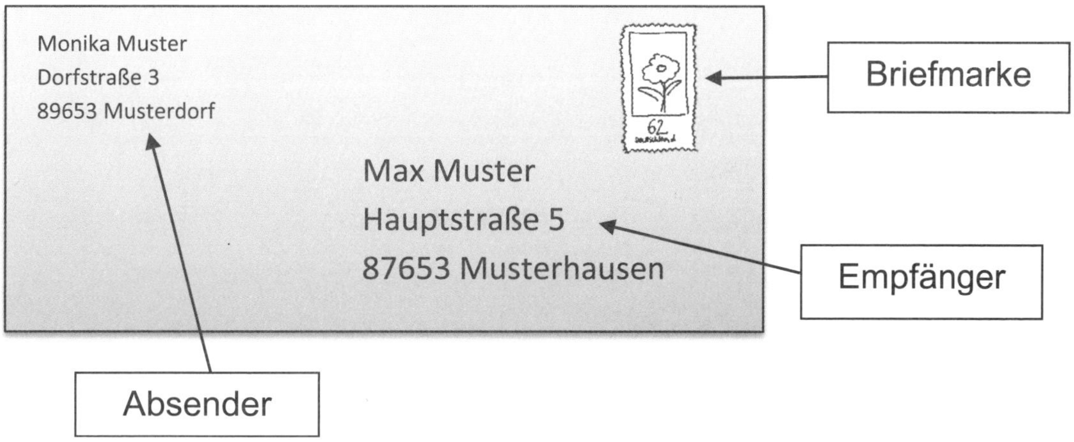

9.2 Orte

Ich kann dort Bücher/CDs/DVDs ausleihen.

Ich kann dort kopieren/ausdrucken.

Ich kann dort im Internet surfen/ etwas scannen.

9.3 Kein Leben ohne Smartphone?

Ich ...

☐ spiele ☐ chatte ☐ maile ☐ telefoniere
☐ lerne ☐ fotografiere ☐ übersetze ... mit dem Smartphone / Handy.

Warnung: Handy-Vertrag online abschließen ist gefährlich!
Vorsicht vor teuren Internetverträgen und Bezahlung per Handy!

9.4 Freizeit, Hobby

gerne

ungern

Ich telefoniere **gerne**.

Ich gehe **ungern** spazieren.

immer	oft	manchmal	nie
Ich bin **immer** pünktlich.	Ich lerne **oft** Deutsch.	Ich singe **manchmal**.	Ich komme **nie** zu spät.

Was machst du **gerne** in der Freizeit? Ich ...

☐ gehe spazieren ☐ lese ☐ sehe fern
☐ telefoniere ☐ höre Musik ☐ singe
☐ fahre Rad ☐ gehe schwimmen ☐ spiele mit Kind
☐ mache Sport ☐ helfe ☐ lerne Deutsch
☐ surfe im Internet ☐ besuche Freunde

Was machst du **ungern** in der Freizeit?

___

10 Verkehr und Orientierung

10.1 Verkehrsmittel

Ich möchte nach München fahren.
Ich fahre mit ...

...dem Taxi.

...dem Bus.

...dem Zug.

... der Straßenbahn.

... der U-Bahn.

... dem Fahrrad.

10.2 Der Busfahrplan

Ich fahre mit dem Bus **von** Krumbach **nach** Thannhausen.

Linie 600 Krumbach – Augsburg

→

	Montag - Freitag										
VERKEHRSHINWEIS				S	S		S	S	F		
Krumbach, Obhf. (Steig A)		05.10	05.35		06.05	06.10	06.35	07.30	07.30	08.35	09.35
- Bahnhof (Steig A)		05,13	05,39		06,09	06,14	06,38	07,34	07,34	08,39	09,39
- Bahnhof (Steig E)		⌇	⌇		⌇	⌇	⌇	⌇	⌇	⌇	⌇
- Munding B300		05.15	05.43		06.13	06.18	06.42	07.38	07.38	08.43	09.43
Krumbad, B300		05,17	05,45		06.15	06,20	06.44	07,40	07,40	08,45	09,45
Edenhausen, Gh Löwen		⌇	⌇		06,18	⌇	06,47	⌇	⌇	⌇	⌇
- Edenhausen B300		05.20	05.48		⌇	06.23	⌇	07.43	07.43	08.48	09.48
Ursberg, B300 (alt)		05,22	05,51		06,21	06,26	⌇	07.45	07,45	08,51	09,51
- Förderschule		⌇	⌇		⌇	⌇	⌇	07,46	⌇	⌇	⌇
- Gymnasium (Steig 1)		⌇	⌇		⌇	⌇	06.50	⌇	⌇	⌇	⌇
- Gymnasium (Steig 6)		⌇	⌇		⌇	⌇		⌇	⌇	⌇	⌇
- Gymnasium (Steig 9)		⌇	⌇		⌇	⌇		⌇	⌇	⌇	⌇
Oberrohr, Südl. Ortsrand		05.24	05.53		06.23	06.28		T07.50	T07.50	T08.53	T09.53
Ursberg, St.Maria		05.25	05.54		06.24	06.29		07.51	07.51	08.54	09.54
Thannhausen, Ursberg. Str.	04.58	05.27	05.56		06.26	06.31		07.53	07.53	08.56	09.56
- Kirche an	04.59	05.28	05.58		06.28	06.33		07.55	07.55	08.58	09.58
- Kirche ab	04,59	05,29	05,59		06,29	06,34		07,59	07,59	08,59	09,59
- Schulzentrum (Steig 6)	⌇	⌇	⌇		⌇	⌇		⌇	⌇	⌇	⌇
- Kreisaltenheim	05.00	05.30	06.00		06.30	06.35		08.00	08.00	09.00	10.00

S = nur an Schultagen

F =nur in den Ferien

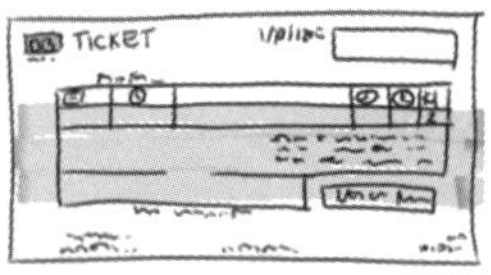

Fahrkarte

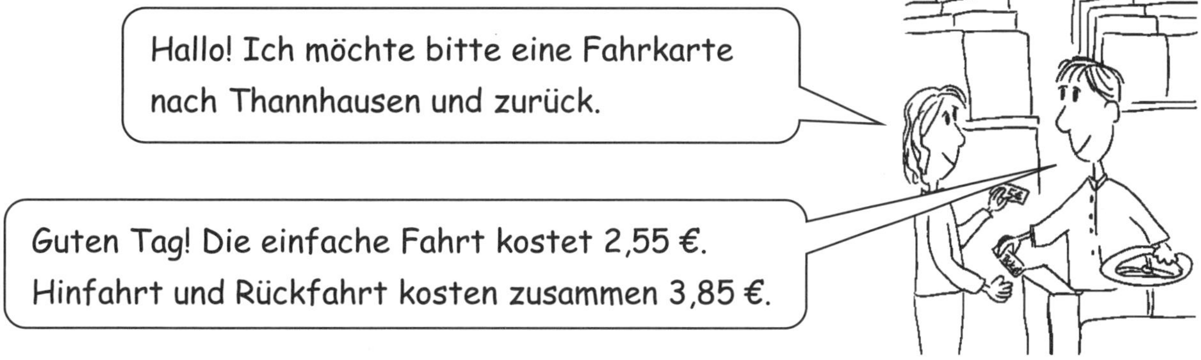

10.3 Der Zugfahrplan

Ich fahre **von** Augsburg **nach** München und dann **von** München **nach** Nürnberg.

Bahnhof/Haltestelle

Gleis

Umst. = Umsteigen

Bahnhof/Haltestelle	Datum	Zeit		Gleis	Dauer	Umst.
Augsburg Hbf	Mo, 20.04.15	ab	11:55	4		
München Hbf	Mo, 20.04.15	an	12:27	15		
Umsteigezeit 24 Min.					2:02	1
München Hbf	Mo, 20.04.15	ab	12:51	22		
Nürnberg Hbf	Mo, 20.04.15	an	13:57	6		

Datum

ab = Abfahrt

Zeit

an = Ankunft

Dauer

10.4 Fragen im Bahnhof oder im Zug

Wann fährt der Zug nach ...?

Hat der Zug Verspätung?

Wie lange dauert die Fahrt?

Muss ich umsteigen?

10.5 Billig reisen – besondere Fahrkarten

Zum Beispiel = z. B.: **Bayernticket**

bis zu 5 Personen

1 Tag

ab 9 Uhr, Wochenende ab 0 Uhr

ganz Bayern

kein ICE

10.6 Suche im Stadtplan

Straße

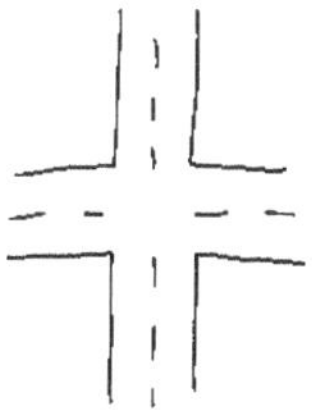
Kreuzung

Zebrastreifen

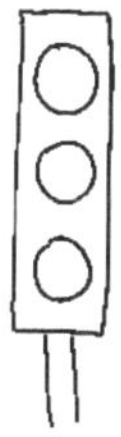
Ampel

links

rechts

geradeaus

Haltestelle

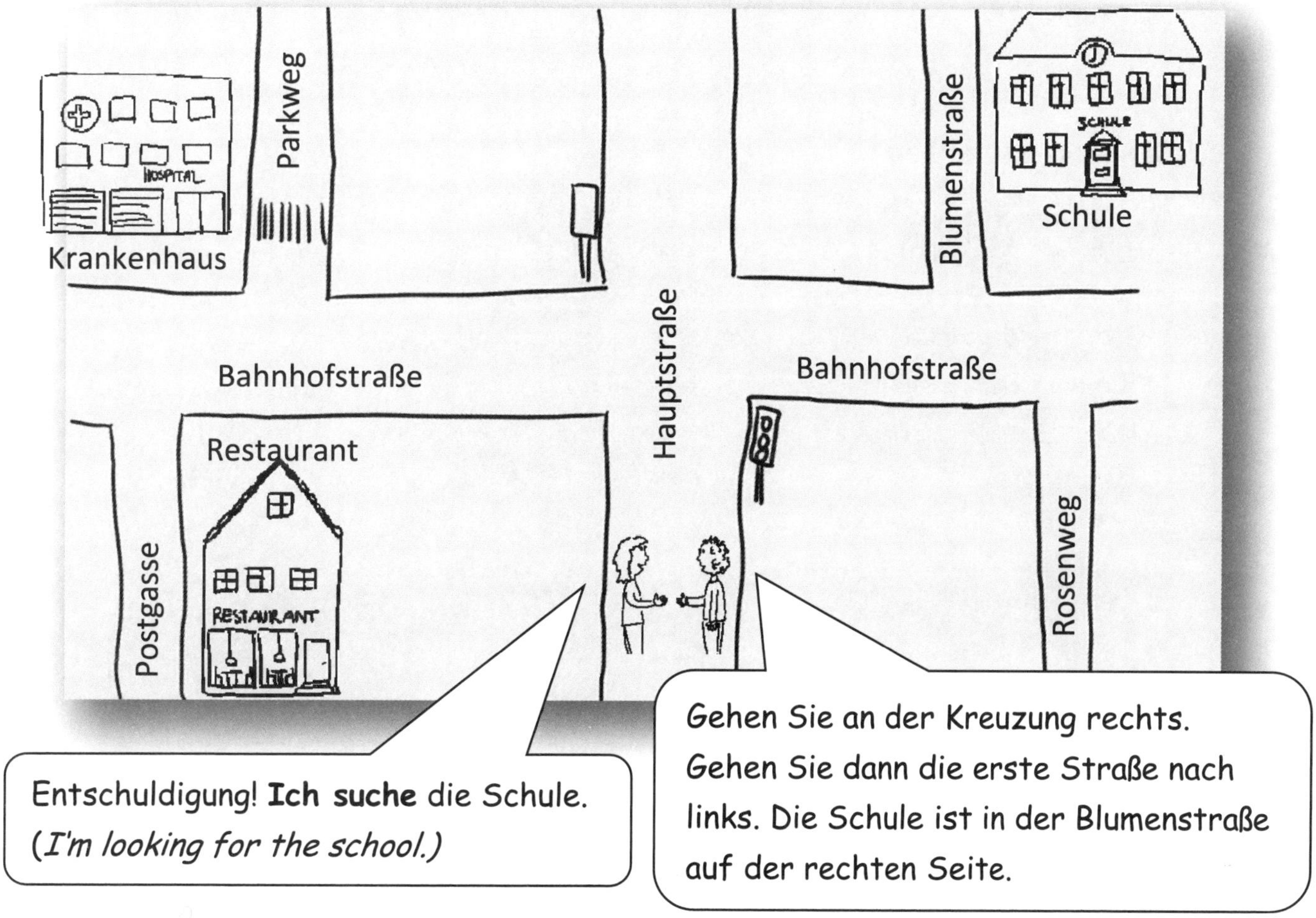

10.7 Wichtige Verkehrszeichen

Halt

Vorfahrt achten

Vorfahrtstraße

Zebrastreifen

nur eine Richtung

11 Behörden, Religion und Brauchtum

11.1 Behörden für Asylbewerber

Ausländerbehörde im Landratsamt oder in der Stadtverwaltung

Adresse: ____

Job-Center im Landratsamt oder in der Stadtverwaltung

Adresse: ____

Bundesagentur für Arbeit

© Bundesagentur für Arbeit

Bundesamt für Migration und Flüchtlinge

Adresse: ____

Bundesamt für Migration und Flüchtlinge

© Bundesamt für Migration und Flüchtlinge

11.2 Das Asyl-Verfahren

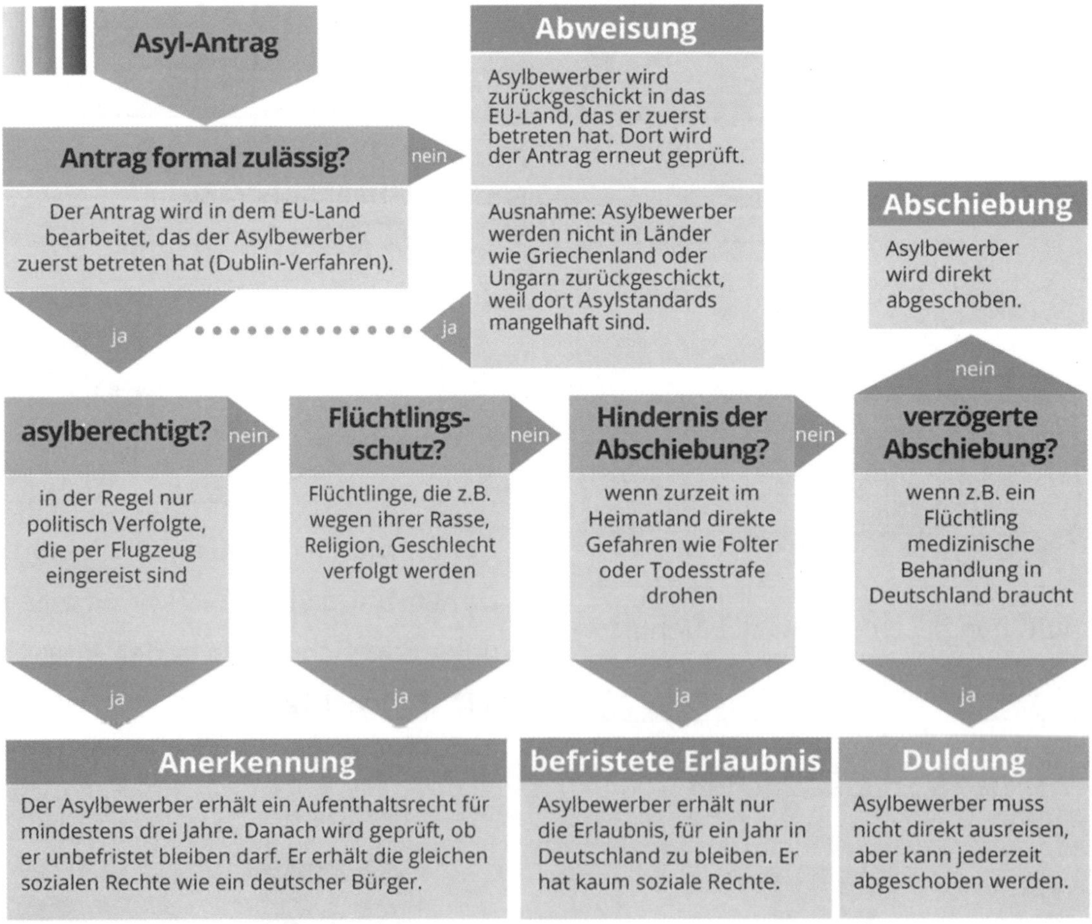

Quelle: http://journalistenschule-ifp.de/ Stand 2013

11.3 Religion

Foto: Karl Landherr

„Ich glaube an Gott."

Christen und Muslime – Gemeinsam geht es besser!

Mein Glaube: Ich bin ______________________________

Christentum

Glaubensbekenntnis

Jesus Christus als der Sohn Gottes:

"Liebe deinen Nächsten wie dich selbst!"

Das Kreuz als Symbol

Die Bibel als Heilige Schrift

Kirche *(church)*

Islam

5 Säulen des Islam

Mohammed als der Prophet Allahs:

Glaubensbekenntnis – Shahada

Gebet – Salat (Koran als Heilige Schrift)

Almosen geben – Zakat geben

Fasten im Monat Ramadan – Saum

Pilgerreise nach Mekka – Hadsch

Moschee *(mosque)*

11.4 Religiöse Feste

Weihnachten

Ostern

Pfingsten

Gottesdienst am Sonntag

um ____________________ Uhr

Opferfest – Id al-Adha

Zuckerfest – Id al-Fitr

Ramadan

Freitagsgebet – Salāt al-dschum'a

um ____________________ Uhr

11.5 Feste in Deutschland

Frohe Weihnachten!

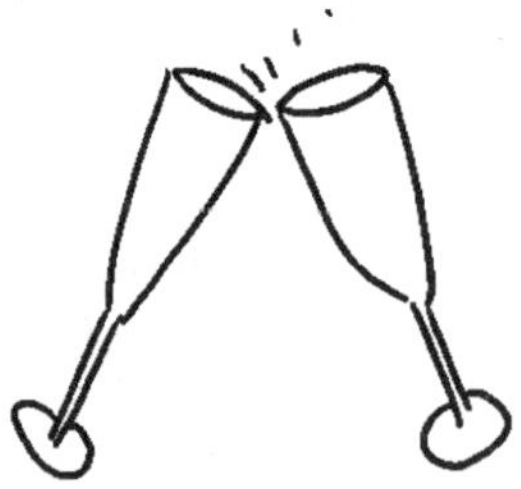

Frohes neues Jahr!

Helau! Fasching

Frohe Ostern!

11.6 Wünsche Alles Gute ...

zum Geburtstag

zur Hochzeit

zur Geburt

zum Führerschein

Gute Besserung!

Gesundheit!

Herzliches Beileid!

Gute Fahrt!

Notizen:

12.1 Mein Steckbrief

Das bin ich!

Mein Name ist

____

*(*Vorname, Familienname*)*

Ich bin ein/eine ____________ O männlich O weiblich *(*Geschlecht*)*

Ich komme aus ______________, ______________ *(*Land, Stadt*)*

Ich wohne jetzt in ____________________, ____________________

*(*Stadt, Straße*)*

O Ich bin alleine in Deutschland.

O Ich bin zusammen mit ______________________________ in Deutschland.

Ich bin ____ Jahre alt. Mein Geburtsdatum ist der ________________.

Meine Haarfarbe ist ____________________

Meine Augenfarbe ist ____________________

Ich spreche ____

Ich lerne jetzt ____

____

12.2 Das kann ich gut. Das mache ich gerne.

□ Ich spreche □ Deutsch □ Englisch □ ________________ □ ________________

□ Ich war in meinem Heimatland ____ Jahre in der Schule.

□ Ich habe einen Beruf gelernt. Ich habe als ______________________________ gearbeitet.

Ich kann gut

□ mit Holz arbeiten □ mit Metall arbeiten □ malen

□ mit Pflanzen und im Garten arbeiten

□ mit Elektrogeräten und am PC arbeiten

□ Senioren oder Kranken helfen

□ mit Kindern spielen

□ putzen □ einem Hausmeister helfen

□ kochen □ Kleidung nähen

□ ______________________________ □ ______________________________

□ Ich habe einen Führerschein für Deutschland.

□ Ich kann schwimmen.

Das mache ich gerne

□ Musik hören □ singen □ tanzen □ wandern

□ Sport □ Fußball spielen □ Rad fahren □ ____________

Name: ______________________________ **Vorname:** ______________________________

Alter: ______________________________ **Herkunftsland:** ______________________________

Ankunft in Deutschland: _______________ **Telefonnummer:** ______________________

E-Mail Adresse: ____

12.3 Ich arbeite als Altenpfleger

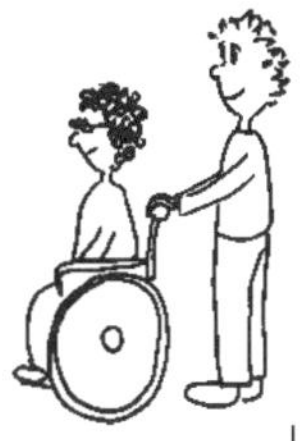

Wie geht es Ihnen heute?	
Wie haben Sie geschlafen?	
Kann ich Ihnen helfen?	
Haben Sie Schmerzen?	
Wo haben Sie Schmerzen? Zeigen Sie es mir.	
Brauchen Sie etwas?	
Entschuldigung, wohin gehen Sie?	
Hat es Ihnen geschmeckt?	
Wollen Sie etwas zu trinken / ein Buch / etwas mit mir spielen ...?	
Ich bringe Ihnen das Essen / etwas zu lesen / Ihre Brille / Ihre Medikamente / Ihre Tabletten / ein Glas Wasser / Tee	
Ich messe Ihren Blutdruck. Er ist sehr gut. Er ist ein wenig zu hoch. / Er ist ein wenig zu niedrig. – Keine Sorge.	
Warten Sie. Ich helfe Ihnen.	
Ich helfe Ihnen beim Anziehen / Ausziehen / Essen / Trinken / Aufstehen / Waschen /...	
Wir gehen in den Speisesaal / nach draußen / spazieren /...	
Ich hole Hilfe. - Bitte helfen Sie mir!	

Wo ist ihr...?

Rollator

Rollstuhl

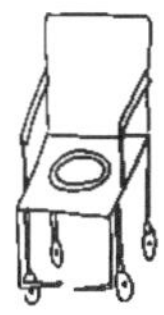
Toilettenstuhl

Hörgerät

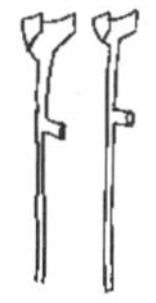
Wo sind Ihre Krücken?

12.4 Ich arbeite als Hausmeister

Ich helfe dem Hausmeister der Schule.	
Was machen wir heute?	
Wir streichen die Wand mit Farbe und Pinsel.	
Der Wasserhahn tropft / ist undicht. Wir müssen ihn reparieren.	
Die Lampe ist kaputt. Wir müssen sie auswechseln.	
Wir tragen Tische und Stühle in den Raum x.	
Wir sind in der Werkstatt und machen Vogelhäuser.	
Wir arbeiten heute im Freien. Bitte warm anziehen.	
Ich bin fertig. Was soll ich jetzt machen?	
Bitte kehre den Schulhof mit dem Besen.	
Bitte räume den Schnee mit der Schneeschaufel.	
Bitte leere die Mülleimer.	
Bitte reinige den Boden mit dem Staubsauger.	
Jetzt ist Pause. Wir machen Brotzeit.	

Farbe und Pinsel

Wasserhahn

Lampe

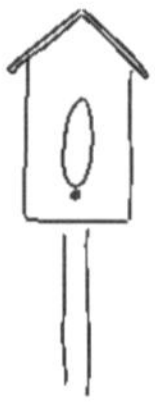

Vogelhaus

Besen

Schneeschaufel

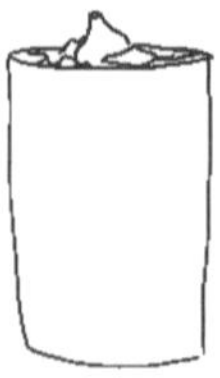

Mülleimer

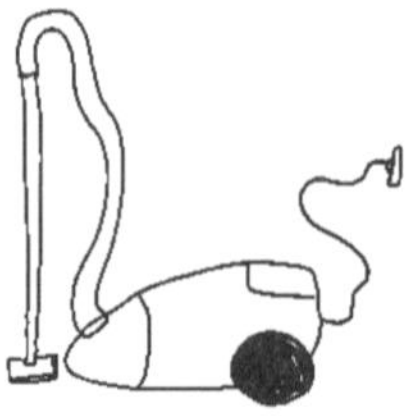

Staubsauger

12.5 Ich arbeite im Hotel/Restaurant

Was ist wichtig bei der Arbeit?	
Wir waschen unsere Hände (bevor mit Lebensmitteln gearbeitet wird).	
Wir spülen Teller in der Spülmaschine: Wir stapeln die Teller in den Tellerkorb. Wir spritzen die Teller ab, bevor wir sie in die Spülmaschine stellen.	
Wir legen Besteck in den Besteckkorb. Wir spritzen es mit der Vorreinigungsbrause ab. Dann kommt es in die Spülmaschine.	
Kurz vor Feierabend reinigen wir den Boden und unseren Arbeitsbereich.	
Was machen wir heute?	
Wir räumen die Warenlieferung ein.	
Wir polieren Besteck und Gläser.	
Wir spülen Töpfe und Pfannen.	
Wir schälen Kartoffeln, Karotten und Zwiebeln.	
Wir leeren die Mülleimer.	
Wir reinigen den Boden mit dem Besen.	

Kartoffel

Zwiebel

Karotte

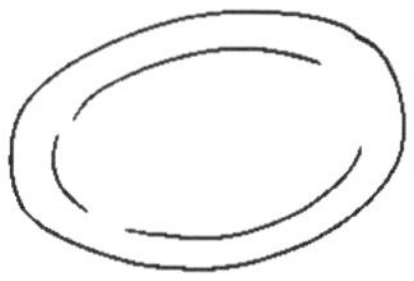
Teller

Tellerkorb

Besteck

Spülmaschine

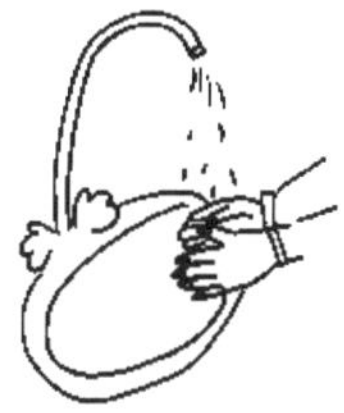
Hände waschen

12.6 Ich gehe schwimmen

Schwimmen im See und im Fluss ist sehr gefährlich.

Steiles Ufer, tiefe Stellen

Gefährliche Dinge und Pflanzen

Strudel und Wasserfälle

Schwimmen im Freibad ist sicher.

Aufsicht

Nichtschwimmerbereich

leichter Ausstieg

Notruf 112

Emergency phone 112

12.7 Wir schützen gemeinsam unsere Erde

Viele kleine Leute an vielen kleinen Orten, die viele kleine Schritte tun, können das Gesicht der Welt verändern.

Wir sparen Wasser und Energie.

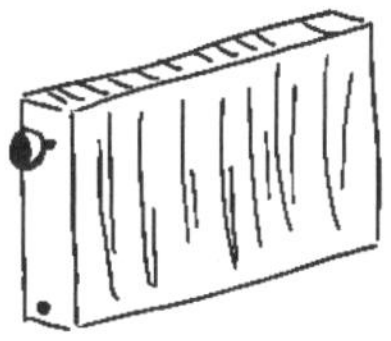

Wasser sparen | Strom sparen | Heizung zurückdrehen | Licht ausmachen

Wir vermeiden Müll.

Wir sortieren Müll.

Wir sammeln in der Mülltonne:

Papier

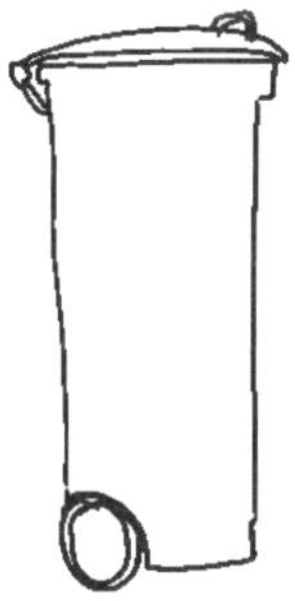

Bioabfälle

Restmüll

Gelbe Tonne

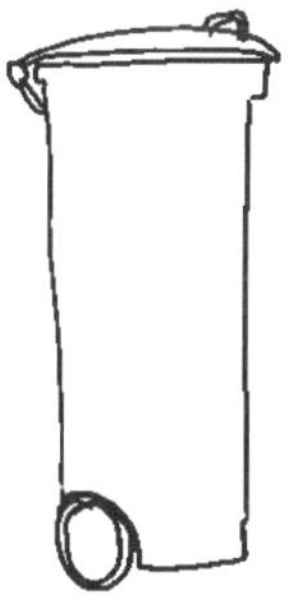

Zum Wertstoffhof bringen wir

- Metall,
- Elektrogeräte,
- Glas: weiß, grün, braun
- Schadstoffe: Batterien, Farben, Öl...

Nicht in die Mülltonne!

12.8 Das Alphabet

A a *a* — **A**pfel

B b *be* — **B**rot

C c *ce* — **C**omputer

D d *de* — **D**atum

22.5.2015

E e *e* — **E**lektrizität

F f *ef* — **F**isch

G g *ge* — **G**arten

H h *ha* — **H**aus

I i *i* — **I**nformation

J j *jot* — **J**acke

K k *ka* — **K**üche

L l *el* — **L**ampe

M m *em* — **M**usik

N n *en* — **N**ase

O o *o* — **O**range

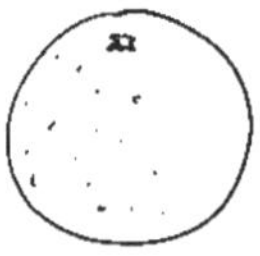

P p *pe* — **P**apier

Q q *ku* — **Q**ualifikation

R r *er* — **R**eis

S s *es* — **S**onne

T t *te* — **T**isch

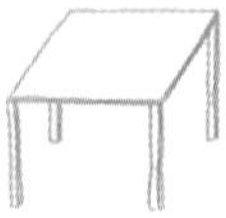

U u *u* — **U**-Bahn

V v *vau* — **V**ioline

W w *we* — **W**asser

X x *ix* — **X**ylofon

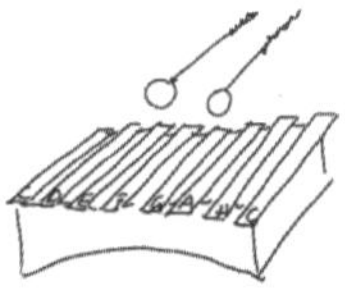

Y y *üpsilon* — **Y**oga

Z z *zett* — **Z**ucchini

Eu *eu* — **Eu**ro

12.9 Das kann ich schon

- **Tunwort** **Was** tue ich?

schreiben	**lernen**	**können**	**sein** *(to be)*
ich schreibe	ich lerne	ich kann	Ich bin
du schreibst	du lernst	du kannst	du bist
er/sie/es schreibt	er/sie/es lernt	er/sie/es ________	____________ ist
wir schreiben	wir lernen	wir können	wir sind
ihr schreibt	ihr lernt	ihr könnt	ihr seid
sie schreiben	sie lernen	___ ____________	sie ____________

- **Zeitformen** **Wann** tue ich etwas?

	lernen	**gehen**	**sein**
heute	ich lerne	ich gehe	ich bin
gestern	ich habe gelernt	ich bin gegangen	ich bin gewesen
morgen	ich lerne	ich gehe	ich bin

- **Namenwort** **Wer** tut etwas?

		Einzahl	**Mehrzahl**
der Mann	die Frau	das Kind	die Kinder
ein Sohn	eine Tochter	ein Baby	die Babys
mein Vater	meine Mutter	mein Buch	meine Bücher
unser Bruder	unsere Schwester	unser Zimmer	unsere Zimmer

- **Eigenschaftswort** **Wie** ist etwas?

			Gegenteil
klein	kleiner	am kleinsten	groß
groß	größer	am größten	klein
schnell	schneller	am schnellsten	langsam
billig	billiger	am billigsten	____________
________	________	____________	kalt

- **Verhältniswort** **Wo** ist etwas?

in/im an/am auf unter neben über hinter vor zwischen

BESTELLUNG PER FAX

Deutschkurs für Asylbewerber

Thannhauser Modell

Bestellschein bitte faxen an:

0821/5 99 77 99–5

Unterstützt durch

Auer

E-MAIL info@auer-verlag.de

Stück	Bestell-Nr.	Kurztitel	*Preis € je
	07901	Arbeitsheft englisch	6,50 €
	07902	Foliensatz neutral	25,00 €
	07903	Foliensatz digital	25,00 €
	07904	Arbeitsheft französisch	6,50 €
	07905	Arbeitsheft arabisch	6,50 €
	07906	Arbeitsheft neutral	6,50 €
	07907	Lernkartei	25,00 €

* bei Bestellungen bis zu 4 Exemplaren

Lieferung an:

☐ **Privatadresse**

Kundennummer (falls vorhanden)

Name, Vorname

Straße, Nr.

PLZ, Wohnort

E-Mail-Adresse*

☐ **Institutionsdresse**

Kundennummer (falls vorhanden)

Name der Institution

Straße, Nr.

PLZ, Ort

E-Mail-Adresse*

☐ *Mit der Angabe meiner E-Mail-Adresse erteile ich dem Auer Verlag die jederzeit widerrufliche Zustimmung zum Erhalt von Informationen per E-Mail

Datum

Unterschrift